AF411022

RADE DE CADIX.

NOS DERNIÈRES MISÈRES

A BORD

DE L'ARGONAUTE

PONTON ESPAGNOL.

RADE DE CADIX.

NOS DERNIÈRES MISÈRES

A BORD DE

L'ARGONAUTE

PONTON ESPAGNOL,

PAR MARIUS DUPLAT.

MARSEILLE.

IMPRIMERIE ET LITHOGRAPHIE DE JULES BARILE,
rue Paradis, 15.

1852.

RADE DE CADIX.

NOS DERNIÈRES MISÈRES

A BORD

DE L'ARGONAUTE

PONTON ESPAGNOL.

Chers Camarades,

Jeunes encore, lorsqu'en 1814 nous sortîmes des prisons d'Angleterre, le cœur et l'esprit ulcérés des souffrances d'une longue captivité, nous avons pu pendant longtemps nourrir des idées de vengeance envers les personnes qui nous firent subir ces tourments. Maintenant, les années se sont accumulées sur nous ; quelque bien constitués que nous ayons été, les infirmités de la vieillesse nous ont été précoces ; nous devons donc être mus par des sentiments plus généreux, et si je rappelle à votre mémoire nos dernières misères du ponton l'*Argonaute*, c'est pour que, vous joignant à moi, nous demandions ensemble le pardon du ciel pour nos bourreaux. C'est le seul but auquel j'aspire pour ma part, heureux si je parviens à l'atteindre....... Croyez-bien que les remords qui ont accompagnés ou accompagneront les derniers moments de nos persécuteurs, nous vengent assez de leurs iniquités.

Dans ce que vous allez lire je ne dirai rien de ce qui m'a été personnel, je ne dirai que ce qui nous a été commun à tous, vous observant seulement que ceci n'étant écrit que par souvenirs d'émotions, si les faits ne se suivent pas tels qu'ils se sont passés je réclame toute votre indulgence ; mais si je m'écarte de la vérité, si j'exagère nos souffrances, accusez-moi de mensonge..... Et vous, espagnols d'alors qui avez été nos géôliers, vous dont les iniquités ont rejailli bien à tort sur toute votre nation, c'est vous seuls que j'interpelle ; vos fonctions auprès de nous ne pouvaient être remplies que dans un but de vengeance ou de cupidité ! (Que de misérables se sont engraissés de nos privations !) Levez-vous en masse pour protester contre ce que j'affirme, au nom de tous mes camarades ; car, en terminant cet opuscule, je suis presque tenté d'écrire. — *Suivent les signatures de tous les survivants.*

L'*Argonaute*, un des quatre vaisseaux français réfugiés à Cadix après le combat de Trafalgar, fut un des plus malheureux pontons de la rade. (Le *Pluton*, le *Héros*, l'*Argonaute* et le *Neptune*, se rendirent après la capitulation de Baylen). Un sergent nommé Baptiste, qui en était le commandant, se vengeait cruellement sur les prisonniers, de ce qu'une balle française (au dire de ses subordonnés) était venue se loger dans son épaule gauche, alors qu'il servait dans l'armée espagnole. Ce misérable avait ordinairement le bras en écharpe ; sa propreté, quoique portée à l'extrême, n'empêchait pas que l'on ne vit le suintement de sa blessure, quand il enlevait son habit ; de plus, il exhalait toujours une odeur cadavéreuse.

S'il n'avait à bord que quelques hommes de garde, il se reposait beaucoup sur la vigilance d'une chaloupe canonnière, nommée la *Louisa*, portant une grosse pièce de canon toujours chargée. Cette chaloupe était ancrée tout près de nous.

Chaque ponton avait la même surveillance :

Ho ! la Lancha ho !

— Que dira ! — Alerta.

— Alerta esta !

Tels étaient les cris de surveillance que pendant la nuit les sentinelles de l'*Argonaute* et de la canonnière échangeaient entre eux ; mais lorsque les sentinelles paraissaient se connaître et étaient de bonne humeur, la reconnaissance se faisait parfois d'une manière toute particulière. Ho? la *Louisa* ho? — Pour faire allusion à ce que la reine d'Espagne s'appelait Louise , et là-dessus il s'établissait un colloque plus ou moins licencieux qui ne manquait jamais de nous attirer en grand nombre sur le pont. Je vous rappelle ceci pour vous donner l'idée des seules distractions que nous eussions à nos misères.

Lors de l'établissement des pontons, chaque prisonnier recevait ou était censé recevoir tous les jours un petit pain , une certaine quantité de riz avec un faible mélange de haricots ou de gros pois. La soupe se faisait en commun une fois par jour, suivant le nombre de prisonniers, dans une ou deux chaudières , dans lesquelles on ajoutait quelques bouteilles d'huile que par la suite on supprima totalement.

Cette ration , bien insuffisante sans doute , nous eût languissamment soutenus si elle nous eut été donnée régulièrement , et surtout si nous avions eu de l'eau à discrétion ; nos estomacs se seraient accoutumés à recevoir ce peu de nourriture , et nous nous serions éteints lentement. Mais il n'arrivait que trop souvent, hélas! qu'on nous laissait des journées entières sans aucune espèce d'aliment : qu'on juge alors de notre faiblesse, quand par intervalle nous éprouvions de plus longues privations de toute nourriture.

Telle était la triste existence qu'on nous avait faite et dont nous ne pouvions sortir que par la mort. J'ai cru devoir rappeler ces circonstances et donner tous ces détails ainsi que ceux qui pourront suivre pour la facilité des lecteurs , à qui ces funestes épisodes sont étrangers.

Maintenant parcourons ensemble cette histoire de nos malheurs .

Commençons par le poste des abandonnés où s'est passée la partie la plus touchante de notre triste séjour....... Retracer ce tableau déchirant dans toutes ses horreurs est au-dessus de mes forces et de ma capacité; mes yeux se remplissent de larmes, mon cœur se serre, je ne puis que gémir et pleurer sur tant d'infortunes..... J'ai vu bien des tableaux représentant des naufrages célèbres, j'ai entendu le récit de bien des misères, et jamais je n'ai vu ni entendu parler d'un dénûment pareil au nôtre..... Nos pauvres abandonnés étaient non-seulement privés de tous secours humains, mais encore de ces paroles de consolation et d'espérance que l'homme qui se sent mourir reçoit avec tant de bonheur..... C'est en tremblant que j'entreprends un pareil récit.

Un peu avant l'arrivée de l'armée française qui s'empara du port Sainte-Marie et d'une partie de la côte de la rade de Cadix, nos aliments ne venaient à bord que rarement et en bien petite quantité, l'eau surtout. Quelques prisonniers pleins d'énergie et qui avaient une certaine influence sur la masse, organisèrent, avec l'approbation du sergent Baptiste qui feignait de n'être pour rien dans nos misères, organisèrent, dis-je, une commission qui décida, à l'unanimité, que pour éviter tout gaspillage et avoir l'eau nécessaire pour faire la soupe, la ration de chaque homme serait taxée à un verre par jour. A cet effet, il fut convenu que tous les jours et à tour de rôle six gamelles seraient gardées au charnier, chacune par huit hommes armés de morceaux de bois pris à la cuisine. Ces hommes de service étaient eux-mêmes surveillés par la masse ; car, dans l'intérêt général, il ne devait être fait aucune provision particulière, et une lutte sanglante aurait eu lieu si quelqu'un se fut permis d'enfreindre le réglement que nous nous étions imposé.

Lors de la première distribution qui se fit le matin, quelques hommes sans doute plus faibles de caractère et plus malades que les autres, après avoir sollicité vainement un second verre d'eau, se couchèrent dans cette partie de l'avant du navire qui s'étend de la cuisine à la poulaine.

C'est cet étroit espace dans lequel sont morts tant de nos camarades, que nous appelions le poste des abandonnés.

Le charnier où se faisait la distribution de l'eau n'était pas loin de là, mais plus au centre du navire.

Les larmes et les gémissements des fondateurs du poste des abandonnés ne furent pas entendus par les espagnols, mais la masse des prisonniers, par un mouvement spontané, s'écria qu'il fallait que ces malheureux formassent une catégorie à part auxquels les hommes de garde donneraient à boire chaque fois qu'ils le demanderaient.

Cette condescendance augmenta leur nombre : bientôt le passage de la poulâine devint très difficile, ces malheureux enchassés les uns dans les autres gisaient sur les planches ; quelques uns, soit par une extrême faiblesse, soit par la crainte de perdre leur place, satisfaisaient sur les lieux même et très-fréquemment, car nous avions tous les maux qu'engendre la misère, aux besoins les plus impérieux et les plus dégoûtants de la nature ; et lorsqu'un d'eux venait à mourir, ses voisins réclamaient l'assistance des hommes de garde pour que le cadavre fut enlevé. Les voisins du défunt se rapprochaient alors, et le dernier venu se mettait à l'extrémité du groupe en attendant d'atteindre une meilleure place.

Amis infortunés qui comme moi avez survécu à tant de maux, vous n'avez pas oublié, j'en suis sûr, la pénible corvée que nous remplissions, lorsque le broc à la main et sur des jambes chancelantes, nous nous frayions un passage parmi ces agonisants pour verser dans leur bouche béante, et tandis que plusieurs exhalaient déjà le râle de la mort, l'eau que le broc contenait.

Vous n'avez pas oublié non plus l'observation faite par nous que lorsque ces myriades d'insectes dégoûtants dont nous étions tous dévorés abandonnaient un de ces infortunés, c'est qu'il n'était pas loin de rendre le dernier soupir.

Une souffrance morale aggravait encore toutes ces souffrances physiques, c'était la vue des cadavres que non loin de là nous entassions les uns sur les autres, jusqu'à ce qu'une chaloupe vint les enlever où qu'il nous fut permis de les jeter à la mer.

Voilà une bien faible idée de ce qu'était le poste des abandonnés dont la misère aggravait encore la nôtre.

Et nous aussi nous avions nos jours de terribles épreuves, lorsque, par exemple, nous fûmes obligés de faire la soupe avec un mélange égal d'eau douce et d'eau salée, parfois même réduits à n'employer que de l'eau de mer. Notre premier essai en ce genre se fit sur du riz seul ; il se cuisait tellement, qu'il devenait bientôt une véritable saumure dont les pourceaux eux-mêmes n'auraient pas voulu. Alors nous pensâmes être plus heureux en faisant un nouvel essai sur des haricots. La distribution faite, sans tenir compte du *bouillon* que contenait la gamelle (dérisoire expression!) nous la renversâmes sur le pont malgré sa malpropreté; et tous, accroupis autour de ce misérable aliment, nous nous partageâmes les haricots un à un... Hélas! cruelle déception, la cuison ne les avait pas ramollis; si bien, qu'il fallait toute la journée à un malheureux scorbutique pour broyer sa détestable et chétive ration. Il est à observer que ces jours d'épreuves étaient ordinairement des jours où le pain nous manquait.

D'autres faits se passaient en même temps que ceux que je viens de décrire.

Tous les prisonniers qui étaient à terre furent répartis sur les pontons; l'*Argonaute* eut alors un personnel de 1,800 âmes, y compris quelques femmes et des enfants.

Ces nouveaux venus étaient un peu moins misérables que les pontonniers, la plupart avaient un hamac et quelque peu d'argent, fruit de leurs économies sur ce qu'on leur donnait pour se nourrir eux-mêmes lorsqu'ils étaient à terre.

A cette même époque nous fûmes témoins de l'acharnement que les espagnols, aidés des anglais, mirent à détruire les fortifications qu'ils devaient bientôt abandonner. Le port Ste-Marie resta dépourvu de toute embarcation ; mais de jour en jour les détonations lointaines que nous entendions paraissaient se rapprocher, la surveillance de nos gardes devenait encore plus sévère, tout en un mot nous présageait l'arrivée prochaine de l'armée française. Ah ! il faut avoir éprouvé de semblables émotions pour sentir tout le courage que pouvait donner à un malheureux captif ce qui se passait sous nos yeux.... De quelle joie ne saluâmes-nous pas le bruit du tambour français que nous entendîmes venir du port Ste-Marie ! que de larmes cachées s'échappaient de nos yeux chaque fois que nous voyions le pavillon national s'élever sur les ruines d'une forteresse abandonnée.

De toutes les résistances opposées à l'établissement des français, celle faite au rétablissement du *Trocadéro* fut la plus acharnée. Le vaisseau espagnol le *St-Just*, s'embossa devant ce fort qu'il ne cessa de mitrailler pendant trois jours. (Il n'est pas à ma connaissance qu'aucun autre vaisseau ait fait jouer son artillerie). Vous rappelez-vous mes camarades qui me lisez, les déchirements de cœur que nous éprouvions chaque fois que le *St-Just*, lâchait sa bordée sur ceux que nous appelions nos futurs libérateurs. Lorsque la fumée s'était dissipée, nous pensions avec peine que nos couleurs nationales en disparaissant avaient indubitablement emporté avec elles les braves qui les entouraient. Quelques jours après , ce vaisseau sortait de la rade , il louvoya pendant long-temps; en passant tout près de l'*Argonaute* , il montra à nos regards les cicatrices que les petits canons français lui avaient faites ; elles étaient faciles à reconnaître par la différence de couleur qu'elles présentaient; il n'est pas de prisonniers qui ne les ait observées.

Pendant ces premiers jours de crainte et d'espérance, ceux des prisonniers qui luttaient avec le plus d'acharnement contre la mort passaient à tour de rôle et en petit nombre les nuits entières sur le pont pour entendre le cri des sentinelles françaises... Comme nous prêtions une oreille attentive... comme nous étions émus... comme nos cœurs palpitaient d'espérance et de bonheur; et cependant ce n'était le plus souvent que l'effet de l'imagination. Mais des cris plus rapprochés et plus distincts se font entendre, c'est l'*alerta* des espagnols et le *all'well* des vaisseaux anglais qui étaient en grand nombre dans la rade, alors arrachés à nos douces illusions, nous nous éclipsions un à un et nous retournions reposer nos membres endoloris. Mais déjà nous étions remplacés par d'autres camarades.

Les évasions furent très fréquentes surtout parmi les derniers venus, elles avaient lieu pendant la nuit et à la marée montante. Mais quelle détermination ne fallait-il pas ! quel appel ne fallait-il pas faire à son courage et à ses forces pour tenter d'un pareil moyen de salut ! Il fallait parcourir une lieue à la nage avant d'arriver à la côte française.

La désertion la plus heureuse partie de l'*Argonaute* fut opérée par le nommé Roure, provençal et canonnier du vaisseau le *Neptune*. Par la connaissance que cet homme avait de la rade, il atteignit exactement le but désigné à ses camarades au moment de son départ ; et le lendemain matin il n'y eut pas un habitant de l'*Argonaute* qui ne montrât du doigt le signal convenu attestant la réussite.

Cette désertion et quelques autres également heureuses, coûtèrent la vie à beaucoup d'infortunés qui se noyèrent ou périrent dans la vase, mort mille fois plus terrible encore. Les espagnols voyant ce manège, éloignèrent de la côte française tous les pontons, et en formèrent une ligne derrière laquelle la plupart des navires de la rade vinrent s'abriter; l'espace qu'il y avait entre les pontons et les français fut à toute heure du jour et de la nuit sillonné par des chaloupes armées qui avaient l'ordre de faire feu sur tout prisonnier qui déserterait ou tenterait de le faire.

Le gouvernement espagnol ne pouvait être plus heureux dans le choix des hommes qui montaient ces nouvelles embarcations. C'était peu pour ces misérables de fusiller un pauvre prisonnier qui était surpris à la nage, il fallait qu'ils épuisassent leur rage sur lui en l'assommant à coups d'aviron. Le nommé Doucet, soldat du train d'artillerie, partit de *l'Argonaute*, nous le croyions sauvé ou noyé, lorsque trois ou quatre jours après une embarcation anglaise nous le ramena.

Je vais, autant que ma mémoire me le permettra, vous rappeler les paroles que vous avez entendues sortir de la bouche de Doucet lui même.

«Plein de courage et de confiance en Dieu, je nageai avec assez de bonheur pendant un certain laps de temps, me dirigeant sur des feux français que je supposais avoir été allumés pour servir de signaux aux malheureux déserteurs, lorsqu'une voix espagnole m'ordonna impérieusement de m'arrêter. Sans tenir compte de cet ordre, je plongeai successivement, à plusieurs reprises pour faire perdre la piste à une chaloupe qui m'avait aperçu ; toutes mes peines, tous mes efforts, devinrent inutiles, l'embarcation ne tarda pas à me dépasser. Alors me voyant perdu, je demandais grâce, mais inutilement, à ces hommes sans pitié : ils étaient sur moi, quelques uns me tenaient couché en joue, tandis que d'autres m'assommaient à coup sd'aviron. Enfin, sur le point de m'évanouir je fus ramassé et jeté dans la chaloupe comme un morceau de bois et mis sur la canonnière la *Louisa*. J'attendais avec anxiété ce qu'on déciderait de moi, lorsqu'au point du jour une embarcation anglaise portant un ordre aborda la *Louisa*. Le midshipman qui la commandait m'enleva d'autorité et me conduisit sur son vaisseau où je suis resté jusqu'à présent ; là on m'a donné cette veste et ce pantalon (la plupart des déserteurs partaient tous nus), on a pris soin de moi, on a pansé mes blessures comme vous pouvez le voir. (Le pauvre Doucet avait les épaules et surtout la tête entourées de bandelettes).

Quelques mois plus tard Doucet, moi et 3 ou 400 camarades fûmes embarqués sur le vaisseau espagnol l'*Asia*, conduits en Angleterre dans la rade de Plymouth et mis à bord du ponton le *Braave*.

L'infortuné Doucet se plaignant continuellement de violentes douleurs de tête fut envoyé en Écosse et nous n'avons plus reçu de ses nouvelles.

Revenons à l'*Argonaute*.

Nos cruels surveillants réservaient sans doute le pauvre Doucet pour le faire figurer dans le drame sanglant qui fut représenté quelques jours plus tard sous les yeux de tous les prisonniers Pendant toute une matinée, une chaloupe espagnole promena tout autour des pontons cinq malheureux déserteurs qui avaient été pris la nuit précédente. Cette promenade se fit avec beaucoup de lenteur pour intimider ceux qui restaient. Je ne sais ce qui se passa à bord des autres pontons pendant le trajet de ce convoi funèbre, on ne peut douter qu'il n'y eut des adieux et peut-être l'accomplissement d'une volonté dernière confiée par ceux qui allaient mourir à ceux qui restaient. Mais quand vint le tour de l'*Argonaute*, qui fournit une victime à cet holocauste, la scène fut pour nous des plus touchantes. Le nommé Minot, appartenant à un des trois régiments de la garde de Paris (je crois que c'était à celui qui portait l'uniforme vert) était parti de notre bord. Vous survivants, amis et camarades de l'infortuné Minot, ne vous semble-t-il pas l'entendre encore dans la fatale barque vous dire d'une voix affaiblie plutôt par la misère que par le manque de courage : Amis ne cessez jamais d'être *français*, espérez que vos *frères*, viendront bientôt vous délivrer, (et parlant ainsi il vou montrait d'un bras amaigri le drapeau français qui flottait sur le *Trocadero*), puis ajouter encore priez Dieu pour moi. Hélas ! le pauvre enfant abandonné n'avait point d'autre recommandation à vous faire !

Ah ! s'il est vrai qu'il est des hommes qui sont nés pour le malheur celui-là en fut un, et pourtant ses camarades n'ont jamais entendu une plainte sortir de sa bouche. Élevé par la charité publique son enfance se passa à conduire un pauvre aveugle ; sa jeunesse fut des plus précaires, jusqu'au moment où il entra dans la garde de Paris. Mais que de bonnes qualités rachetaient chez Minot le vice involontaire de sa naissance ; quel esprit naturel, quelle égalité de caractère, quelle grandeur d'âme, quel dévouement à ses camarades ! Sa famille à lui était son régiment, il n'en connaissait pas d'autre. Vous qui avez porté son uniforme, et à qui s'adressaient plus particulièrement ses dernières paroles, c'est de votre bouche que je tiens le récit des malheurs de son enfance et l'éloge de ses vertus. Et toi brave Minot, dont le cœur était vraiment français, le courage héroïque que tu montras à tes derniers moments ne te venait que de Dieu. Bien différent des effrontés scélérats que la loi frappe et qui portent sur l'échafaud ou sous le plomb expiateur une cynique audace qu'ils doivent quelquefois aux spiritueux dont on les a gorgés ; toi épuisé par de longues souffrances tu sus par tes paroles sublimes et encourageantes, réchauffer en nous le sentiment patriotique, aussi furent-elles accompagnées d'un murmure d'approbation de notre part, tandis que tout ce qui était espagnol resta silencieux et consterné ; ton front était calme et ne portait pas la sombre préoccupation de l'homme qui d'ordinaire va paraître devant le souverain juge... aussi, tes plus intimes camarades ne t'appelaient-ils que le Petit-Bayard du régiment.

Minot, du séjour des bienheureux où Dieu te plaça dans sa bonté, jette un dernier regard sur ceux qui t'ont connu et qui t'aimèrent.

La promenade finie, ces cinq infortunés furent fusillés sur une canonnière.

Le lendemain, nos gardiens ne manquèrent pas de nous donner les détails de cette exécution ; les condamnés, dirent-ils, furent exécutés un après l'autre et par intervalle. Pour punir Minot de son mâle courage, on le laissa le dernier ; on

prolongea ses souffrances en visant de manière à ne pas le faire
mourir d'un seul coup. Le pauvre martyr, étendu sur le pont
et baigné dans son sang, implora de ses bourreaux la grâce
d'être achevé à coup de baïonnettes.....

Chers camarades survivants, par esprit de charité, nous
devons croire que ces détails étaient de beaucoup exagérés et
que leur but était de nous empêcher de déserter.

C'est ainsi que comprimées par la terreur les désertions
devinrent presque nulles. Nos gardiens avaient encore une tacti-
que pour prévenir les évasions en grand, c'est-à-dire, celles
de tout un ponton qui pouvaient s'effectuer soit en coupant les
câbles, soit en les filant à la mer : pour cela faire ils enlevaient
de temps en temps d'un ponton un certain nombre d'hommes
qu'ils remplaçaient par d'autres, et bien que par cet amalgame
continuel les prisonniers de Cadix se connussent presque tous,
ils étaient toujours obligés de chercher à bien se connaître,
avant de mettre à exécution un projet aussi sérieux,

D'ailleurs, dans toutes les positions pénibles il y a toujours
des hommes qui soit par inconséquence, soit par crainte,
agissent contre l'intérêt général ; et toujours déjoués dans nos
projets, nous ne pûmes pas même profiter de l'occasion la plus
favorable qui se produisit, celle de la tempête.

Dès lors chacun se résigna, espérant que Dieu nous viendrait
en aide, et que par un coup de main de l'armée française nous
ne tarderions pas à voir le terme de nos misères. Hélas ! il ne
devait pas en être ainsi ! Après avoir bien souffert encore, nous
étions destinés à aller passer sur les pontons anglais les plus
belles années de notre jeunesse.

Chaque fraction d'une génération a ses souvenirs, les nôtres,
chers camarades, quoique pleins d'amertumes charment encore
les loisirs de notre vieillesse... oui, c'est avec satisfaction,
avec un ineffable bonheur que nous devons comparer notre
existence actuelle, quelque précaire qu'elle puisse être, à ces
jours malheureux de notre jeunesse. Vous rappelez-vous, mes
amis, lorsqu'après plusieurs jours d'attente de la barque qui
nous apportait le pain, nous la voyions venir avec son arrière
prolongé se fixer le long du bord de l'*Argonaute*. Au premier
cri de *primero à Dios*, prononcé par l'homme qui de la barque

lançait sur le ponton les pains deux à deux, nous sentions l'espérance renaître en notre âme ; nous nous disions les uns aux autres : nous ne mourrons pas encore aujourd'hui. Nous voyions sugir de toutes parts des squelettes vivants qui venaient partager notre bonheur ; les moins faibles d'entre nous formaient un cercle autour de ces pains amoncelés , nous les dévorions des yeux, nous les eussions dévorés en réalité si le sergent Baptiste et ses satellites ne s'y fussent opposés. Les cruels, comme ils aiguillonnaient notre impatience ! que de froides railleries il nous fallait entendre de la bouche de celui qui transbordait le pain ! Enfin la barque quittait le bord , Baptiste faisait la distribution par gamelle qui était aussitôt suivie de la distribution partielle : c'était toujours le sort qui désignait la ration de chacun. Pour la plupart de nous, cette ration était engloutie aussitôt que reçue.

C'était bien pire encore , lorsqu'après avoir passé plusieurs jours sans une goutte d'eau, nous apercevions au loin la bien-heureuse barque qui devait en nous désaltérant nous rendre la vie ; avec quelle anxiété ne suivions-nous pas tous ses mouve-ments. Nous ne pouvions nous défendre d'un sentiment de jalousie lorsqu'elle s'arrêtait à un ponton voisin ; mais notre désappointement était plus grand encore lorsque la barque passait tout près de nous sans accoster et qu'au lieu de nous plaindre les hommes qui la montaient ne nous faisaient entendre que des paroles de malédiction qui nous navraient le cœur. Je vous le répète , mes chers amis, comparons ces jours de misère avec notre existence actuelle, quelque triste qu'elle puisse être, et nous nous croirons heureux. Lorsque Dieu permettait que la barque vînt nous visiter, la première parole que nous adres-sions au patron était pour demander combien de barriques il avait à nous remettre, et notre satisfaction était toujours en rap-port avec le nombre accordé. C'étaient les pauvres prisonniers qui étaient obligés de les hisser à bord : chez eux, le nombre et la bonne volonté suppléaient à la force.

Chers lecteurs, qui êtes étrangers à nos misères, en rendant grâces à Dieu de ne jamais les avoir subies, mêlez quelques larmes de compassion à nos larmes de bonheur. Peut-être qu'à pareil jour et à pareille heure où vous lisez ces tristes lignes il nous était accordé de nous désaltérer entièrement.

Nous avions des hommes qui, bien que mourants de faim, avaient assez de force d'âme pour ne pas manger d'un seul trait, ni même dans le courant de la journée, le pain qu'on leur donnait : ce petit morceau, mis en réserve, était un objet de surveillance continuelle pour le propriétaire, soit qu'il le portât sur lui, soit qu'il le cachât quelque part, et un objet de convoitise pour certains individus. Parmi ces derniers, quelques-uns par faiblesse de caractère cédaient réellement au besoin impérieux de la faim ; mais la plupart, hommes sans conduite, vrais émules des *romains* des prisons d'Angleterre, que nous ne connaissions cependant que de nom, dans l'espoir de doubler leur ration, la jouaient entre eux ou la vendaient pour en jouer l'argent. De là, les vols multipliés de ces précieux morceaux de pain. Les plus influents des prisonniers formaient un tribunal et se réunissaient à la demande de celui qui avait été volé ; on écoutait ses plaintes, puis ceux qui remplissaient les fonctions de gendarmes s'emparaient de l'accusé qu'ils étaient quelquefois obligés de garotter ; le malheureux n'avait ordinairement rien à alléguer pour sa défense, aussi était-il condamné à l'unanimité à recevoir un certain nombre de coups de corde.

A cet effet, on descendait un des deux *cartahuts*, seuls cordages qu'on nous eut laissés pour faire sécher nos haillons lorsque nous les échaudions. Le voleur, après avoir été mis entièrement à nu, y était attaché par les deux poignets ; le *cartahut* était remonté de manière à ce que le patient ne touchât le pont que de la pointe des pieds, alors deux hommes armés chacun d'un bout de corde frappaient tour-à-tour sur les reins du coupable. Vous rappelez-vous, mes amis, combien les cris de la multitude étouffaient les gémissements du malheureux condamné. On trouvait trop de ménagements chez les *exécuteurs de la haute justice*, on leur reprochait leur mollesse, et cependant le sang jaillissait aux premiers coups donnés. Ne quittons pas ce lieu d'expiation sans jeter un coup d'œil sur la grue tournante servant à hisser à bord les gros fardeaux, tels que les barriques d'eau, etc., et de laquelle on avait fait un instrument de supplice qui a servi plusieurs fois à donner la cale mouillée et une fois la cale sèche à des malheureux voleurs. Cette excessive cruauté qui trouvait son excuse dans notre excessive misère, calmait les prisonniers et mettait le coupable à l'abri de toute vengeance particulière. On ne peut calculer ce qui serait résulté pour le voleur et ce qu'il aurait eu à souffrir de la masse des prisonniers et surtout de la rancune de sa victime si un châtiment public 'ne l'avait pas atteint. Mais ne développons pas davantage des souvenirs si cruels ; contentons-nous de dire que le condamné qui avait été soumis à un de ces châtiments, allait ordinairement, ou plutôt était porté au poste des abandonnés d'où il ne sortait que quelques jours après à l'état de cadavre peur être jeté à la mer.

Les lecteurs qui nous sont étrangers diront : personne ne s'opposait donc à ces actes de cruauté ? Nous pouvons leur répondre hardiment : malheur à qui aurait oser élever la voix en faveur du coupable, il aurait été considéré comme complice du vol et conduit au même supplice. Mais les espagnols ? diront encore ces mêmes lecteurs. Les espagnols n'interposaient leur autorité que lorsque leur amour-propre était froissé. Vous souvient-il, mes amis, de ce pugilat (scènes trop fréquentes, hélas ! parmi nous) auquel, appuyé sur son bâton, assistait avec tant de sang-froid le sergent Baptiste ; il ne fut sensible qu'à une parole inconséquente d'un des combattants qui dit : « Je ne céderai pas au Christ ! » Alors l'infernal bâton fut mis en jeu, les combattants furent obligés de se séparer, et Baptiste leur répétait sans cesse : « Je suis plus que le *Christ*, car je vous ordonne de ne pas recommencer. » Il va sans dire que l'ordonnance fut ponctuellement suivie.

Nous voici au sommet d'un gouffre béant, sans cesse ouvert devant nous. Mesurons maintenant, si nous l'osons, par la pensée et sans que la tête ne soit prise de vertige, la profondeur de cet abîme.

Vous avez déjà compris, mes amis, que c'est du trou qu'occupait autrefois le grand mât dont je veux parler. Ce mât avait été remplacé par une échelle qui, descendant jusqu'à fond de cale, parcourait perpendiculairement toute la hauteur du navire ; ce passage était excessivement dangereux et donnait lieu à des chutes fréquentes, surtout lorsqu'il pleuvait ; et malgré cela, l'encombrement était si grand , que nous étions souvent obligés de nous y exposer.

Vous souvient-il de ces cris d'indifférence que les plus proches voisins du parcours de l'échelle, soit de la batterie , soit du faux-pont, joignaient quelquefois au bruit que faisait le malheureux qui se laissait cheoir : *Parterre , ramasse-toi; paroli , un billet de parterre,* etc. Et ces cris ne cessaient que lorsque des gémissements se faisaient entendre ; chacun alors se reprochait sa cruauté, chacun s'empressait de descendre quelquefois jusqu'à fond de cale pour en remonter à grand peine un malheureux tout contusionné. La compassion, la crainte ou le souvenir d'une pareille chute, nous faisaient promettre d'être plus circonspects une autrefois ; mais nous joignions pour la plupart à notre jeunesse la légéreté du caractère français , et les émotions se succédaient chez nous avec tant de rapidité que nous avions bientôt oublié nos serments. Il aurait été si facile à nos gardiens de nous éviter ces fâcheux accidents, une seule corde tendue autour du goufre en aurait beaucoup prévenu.

Passons maintenant au poste qu'occupaient les femmes et les enfants dans la première batterie tout-à-fait sur l'arrière du navire.

Pour moi, je n'ai guère connu que Madame Esconard et cette bonne mère Mollet, qui avait autour d'elle cinq ou six enfants , tous jeunes.

Dans les divers pillages auxquels les prisonniers avaient été soumis, on avait eu sans doute quelques égards au sexe et à l'enfance ; mais pour la plupart, les faibles ressources qu'on leur avait laissées avaient disparu depuis longtemps , car les espagnols leur faisaient payer fort cher tout ce qu'ils leur vendaient, et leur misère était à peu près égale à la nôtre ; il est vrai de dire qu'on avait accordé à ces infortunés la faculté d'aller boire au charnier, en leur interdisant toutefois et très-sévèrement d'emporter de l'eau ; mais si les maris et les pères supportaient avec plus de courage le tourment de la soif en voyant que ce qu'ils avaient de plus cher au monde n'était pas toujours soumis au même supplice, quelle contrainte pour une pauvre famille de ne pouvoir faire participer son chef à la faveur dont elle jouissait.

Honneur soit rendu à vous toutes, femmes courageuses qui avez partagé nos misères... Puissiez-vous, après avoir recouvré votre liberté, n'avoir parcouru que des années de bonheur en dédommagement des privations auxquelles vous vous étiez soumises volontairement. Il ne tenait qu'à vous de vous y soustraire, les espagnols se seraient empressés d'accéder à la demande que vous leur auriez faite d'aller joindre l'armée française, ç'aurait été autant de bouches de moins qu'ils auraient eu à nourrir; vous auriez pu emmener avec vous vos plus jeunes enfants, mais il vous fallait abandonner les autres et dire peut-être un éternel adieu à leur père !.. Le sacrifice qu'on aurait exigé de vous eut été trop cruel ; aucune n'a eu l'idée de s'y soumettre; vous avez toutes fait preuve d'abnégation et de dévoûment, non-seulement auprès des vôtres, mais encore auprès des personnes qui vous étaient étrangères. Je ne sais , mes chers camarades survivants , si quelqu'un de vous se rappelle ce petit voltigeur habitant de la batterie 36 qui , se voyant perdu, témoignait le regret de ne pas avoir sa mère auprès de lui. La bonne dame Mollet en est instruite ; elle vole auprès du moribond , elle l'appelle son fils, lui prodigue ses caresses et tous les secours qui sont en son pouvoir. Ce malheureux enfant dans son délire d'épuisement se persuade être auprès de celle qu'il réclame, il paraît se ranimer et demande à être mis au grand air ; on le monte sur le pont , quelques instants après il rendit le dernier soupir sur les genoux de celle qu'il avait adoptée pour sa mère.

Dans une de nos plus néfastes journées (nous manquions de tout), nous vîmes un malheureux sergent parcourir à diverses reprises toutes les parties du navire ; il tenait dans les mains une montre en or et criait à tue-tête : à quatre biscuits et deux verres d'eau la montre en or, mais personne ne put lui faire aucune offre: la femme de cet infortuné était enceinte ; elle avorta pendant la nuit et mourut quelques heures après , n'ayant d'autres secours que l'empressement et les désirs impuissants de toutes ses compagnes.

Dans cette douloureuse circonstance , le sergent Baptiste donna des preuves de sensibilité ; il permit au mari de ne pas joindre le corps de sa femme aux cadavres de plusieurs de nos camarades dont quelques-uns étaient déjà exposés à nos regards depuis plusieurs jours ; mais il ordonna que la mère et son fœtus fussent jetés à la mer le plus tôt possible.

Nous ne savons si cette malheureuse femme avait obtenu quelques secours d'eau , mais nous devons dire que les provisions de Baptiste, ainsi que celles de tous les siens, étaient bien minimes et qu'elles ne devaient le respect que nous leur portions qu'à notre état maladif, à la grande surveillance et à la terreur qu'on nous inspirait.

Sur l'*Argonaute* nous n'avons jamais vu faire l'appel nominal des prisonniers ; je crois même qu'il n'était tenu aucun registre, la mémoire de Baptiste suppléait à tout : lorsqu'il soupçonnait de la fraude dans la distribution des aliments, il nous ordonnait de nous recomposer à notre choix, en gamelles de huit hommes, et il choisissait lui-même un de nous pour représenter chacune d'elles ; il était rare qu'il se méprit sur le choix qu'il avait fait. Puis, il nous comptait le plus scrupuleusement possible , et la demande des rations était faite suivant le nombre des prisonniers reconnus.

Un homme venait-il à mourir, ceux de sa gamelle étaient tenus d'en faire la déclaration et le porter au lieu désigné pour la réunion des cadavres, et quoique cette recommandation fut des plus formelles, les prisonniers trouvaient toujours un moyen de faire disparaître quelques cadavres qu'ils jetaient à la mer , c'était alors un bénéfice pour les survivants qui se partageaient la ration du défunt ; mais il fallait bien veiller à ne pas être surpris.

C'est avec bonheur que je rappelle à votre mémoire , chers camarades, ces rares mais heureuses réunions de gamelles où Dieu paraissait avoir mis la main pour faire régner la paix et la concorde et nous faire servir d'exemple aux autres.

Étions-nous entièrement privés d'eau et venait-il à pleuvoir , la plupart des prisonniers, chacun pour soi, selon sa force et son courage , se mettait à l'œuvre pour recueillir cet inestimable présent du ciel : les uns étanchaient le pont avec de vieux chiffons, d'autres se plaçaient sous une goutière qu'ils avaient établie en enlevant l'étoupe d'une des coutures du navire ; l'eau était reçue goutte à goutte dans une gamelle, dans le cuir de l'impériale d'un schako ou dans un vieux soulier ; et lorsqu'il se trouvait une certaine quantité de cette précieuse boisson, malgré son excessive saleté, elle était aussitôt absorbée par son heureux propriétaire.

Il n'en était pas ainsi des membres d'une gamelle où régnait la paix et la concorde : là, chacun travaillait pour le compte de la société ; là, les moyens ordinaires étaient employés, mais les chiffons étaient tordus dans la gamelle, et l'eau recueillie dans les divers récipiens dont on se servait venait augmenter ce commencement de richesse. Un des membres de la société allait à la cuisine à la recherche des débris de charbon qui s'y trouvaient, ces débris étaient réduits en poudre, délayés dans la gamelle, puis la manche d'un vieil habit, d'une veste, ou la jambe d'un pantalon servait de filtre. C'est ainsi que maîtrisant leur impatience les hommes qui savaient s'entendre apportaient quelque soulagement à leurs maux. Le partage était fait dans toute la rigueur de la justice ; chacun buvait sa portion en remerciant Dieu de la faveur qu'il nous avait faite.

Pendant un certain temps il nous a été facile de reconnaître que le pain dont on nous nourrissait provenait, par son mélange, des impositions dont devaient être frappés les habitants de Cadix : quelques-uns de ces pains étaient magnifiques de blancheur et de très-bonne qualité ; ils avaient sans doute été donnés par des âmes compatissantes ou par des familles riches qui cherchaient à adoucir nos misères. Honneur et bénédiction aient été accordés à tous ceux qui ont eu pitié de nous, c'est un tribut que nous payons à leur bienfait ! D'autres pains étaient inférieurs aux premiers en qualité et en volume : ceux-là provenaient sans doute des personnes indifférentes. Ces derniers pains composés de toutes sortes d'ingrédients n'avaient pu être fournis que par la haine ou la plus profonde misère. Laissons au lecteur, chers camarades, le choix du nom qu'il doit donner à ces derniers fournisseurs ; quant à nous, pardonnons la haine des uns par égard pour la misère des autres, et reportons-nous à ces heures d'angoisses et de supplice qu'entraînait toujours avec elle cette distribution.

Ne vous semble-t-il pas voir Baptiste assis ou appuyé sur son bâton, appelant les gamelles une à une et saisissant au premier

coup d'œil si l'homme qui se présentait était bien celui dont il
avait fait choix ; rappelez-vous les menaces qu'il faisait et parfois les punitions qu'il infligeait sur le champ ou après la distribution ou à la première rencontre au malheureux assez hardi
pour s'être arrogé un titre qui ne lui était pas dû.

Nous devons néanmoins rendre justice à cet homme cruel,
de ce qu'il ne négligeait rien pour qu'à tour de rôle chaque
gamelle fut satisfaite de la distribution qu'il faisait faire.

Cette opération finie, il s'élevait dans toutes les parties du
navire un bruit étourdissant lorsqu'il s'agissait de faire la distribution partielle : les uns, sans avoir égard à la faiblesse de leurs
camarades, faisaient valoir leurs forces brutales pour s'appro-
prier le plus beau pain ; d'autres disaient avoir été les intimes
d'un décédé et s'arrogeaient le droit de disposer de sa ration
lorsque personne n'était assez fort pour la leur disputer.

Mais dans une gamelle où régnait la paix et la concorde,
chaque pain était partagé en morceaux égaux, toutes les rations
étaient parfaitement égales, puis un homme leur tournait le dos
de manière à ce qu'il ne put les apercevoir, tandis qu'un autre
en présence de tous les intéressés, soit avec le doigt, soit avec
l'outil tranchant qui avait servi à couper le pain désignait
chaque ration partielle, et l'homme qui leur tournait le dos
ajoutait au mot : *pour qui?* le nom d'un des membres de la
gamelle. C'est par ce procédé que chacun avait ce qui lui était
dévolu et était content de son sort. La perte d'un des membres
de cette réunion d'hommes paisibles était moins sensible lorsqu'on
évitait toute surveillance et qu'on se partageait la ration du défunt.

Je n'ai pas besoin de faire de grands frais de mémoire pour
vous rappeler les noms de Durand, Levavasseur, Baudet,
Pellerin, Lessueur, Roussel et Garot, ainsi que quelques
autres qui sont venus remplacer ceux déjà nommés et que la
mort avait enlevés à nos affections.

Oui, mes pauvres amis, vous êtes morts en martyrs et en
braves... Si vous n'aviez pas la force de chanter : *Mourir pour
la patrie*, vous aviez le courage de mettre cette belle maxime
en pratique en résistant à toutes les tentations qui nous ont été
faites pour nous faire consentir à changer d'existence. Vous
souvient-ils, mes chers survivants, de ces chaloupes armées

que nous voyions par fois venir le long du bord : ces chaloupes devaient avoir un ordre quelconque pour agir ainsi. Un ou deux officiers, accompagnés de quelques subalternes, montaient sur l'*Argonaute ;* ils faisaient l'historique de nos privations, de la force imposante des vaisseaux anglais et espagnols qui se trouvaient dans la rade, de la faiblesse de l'armée française qui ne faisait aucun mouvement et nous engageaient à prendre du service avec eux.

Le bord du navire qui avait vue sur la chaloupe était garni de prisonniers dont les yeux plongeaient avidement sur cette embarcation, et les hommes qui étaient restés pour la garder étalaient à nos yeux de petits biscuits de Séville blancs comme neige qu'ils tiraient d'un sac ; tandis que d'autres faisaient jaillir dans un verre en corne le vin qu'une outre contenait : tels étaient les arguments que l'on employait pour nous séduire, et lorsqu'un malheureux accablé de misère se décidait à descendre dans la chaloupe, il lui était permis d'assouvir sa faim et sa soif ; mais il lui était impérieusement défendu de remonter sur le ponton. Nos cris, nos huées et nos imprécations accompagnaient le pauvre diable qui se laissait choir, et il arrivait quelquefois que celui qui s'était montré le plus bruyant expirait quelques instants après.

Oh ! combien d'infortunés sont morts de misère qui auraient pu faire la gloire de leur pays. S'ils n'ont pu rendre à leur patrie tous les services qu'elle était en droit d'exiger d'eux, ils n'en sont pas moins restés fidèles au poste que la Providence leur avait assigné ! Jouissez maintenant, âmes heureuses, du fruit de votre persévérance, en attendant que Dieu, auquel il a plu nous réserver pour d'autres épreuves, veuille bien nous réunir à vous.

Et que direz-vous de ces infortunés qu'une misère insupportable contraignait à passer dans les rangs de l'ennemi. Leur sort était bien à plaindre, et si jamais il y eut une excuse pour les hommes qui prennent les armes contre leur patrie, elle se trouve dans les circonstances que je viens de décrire.

Ces malheureux, auxquels les espagnols prodiguaient des soins pour les rétablir au plus tôt, étaient mis dans les diverses compagnies qui chaque nuit allaient opérer des descentes sur les points gardés par des postes français : le feu s'engageait. Les espagnols, sachant que ces nouvelles recrues ne demandaient pas mieux que de passer à l'ennemi, avaient droit de vie et de mort sur elles. Si ces infortunés avaient le bonheur d'échapper au fer des espagnols et qu'ils fussent pris les armes à la main par les français, ils étaient fusillés sur le champ.

Bien peu ont eu le bonheur de parvenir jusqu'au maréchal qui commandait l'armée française et de lui rendre compte de nos misères ; le maréchal fit cesser aussitôt ce genre d'exécution. Ce fut alors que les espagnols mirent dans des corps réguliers ceux de nos compagnons que la faim avait obligés de prendre du service chez eux.

J'en appelle au souvenir de vos souffrances, à votre bon cœur, chers camarades survivants. Si parmi vous il s'en trouve qui plus tard et comme moi aient fait la rencontre de ces transfuges sur le vaisseau espagnol le *Prince des Asturies*, par exemple, ou dans le détachement de gardes wallones qui y était en garnison et qui n'était en partie composé que des prisonniers engagés au service de l'Espagne, il aura pu se convaincre alors de l'humiliation, des remords de ces infortunés et pardonner leur faute.

Pour augmenter notre misère, voici une tempête horrible qui se fait sentir : le vent souffle avec violence, la mer est fort agitée, nous voyons passer tout près de nous des navires qu'aucune puissance humaine ne peut arrêter, qui vont avec la rapidité de l'éclair se briser ou s'échouer sur la partie de la côte occupée par l'armée française ; et quoique leur détresse soit bien grande, nous envions leur sort, car ils ne dépendent que de Dieu et ont à bord de l'eau et du pain.

Cette tourmente durait depuis deux jours, lorsque nous vîmes entrer dans la rade le gros trois-mâts anglais le *Téméraire*, qui fut reconnu par nos marins qui s'étaient trouvés au combat de Trafalgar.

Le *Téméraire*, battu par la tempête, avait calé une grande partie de sa mâture : en entrant dans la rade, il avait jeté ses ancres à la mer et labourait le fond. C'est dans cet état menaçant que chassé par le vent et refoulé par la lame nous le vîmes se jeter sur nous : le moment fut affreux, il nous prit sur l'arrière par le côté, écrasant une de nos bouteilles sur laquelle il vint fracasser son beaupré. Plusieurs d'entre nous furent renversés... Heureusement que le *faible Argonaute*, le *pauvre Argonaute*, n'ayant rien qui put engager l'abordage, plia sous le coup et chassa du côté de Cadix. Ce fut alors seulement que les ancres du *Téméraire* prirent fond et qu'après avoir filé quelques encablures il se trouva mouillé à nos côtés.

La confusion était si grande à notre bord, que plusieurs sentinelles abandonnèrent leur poste : le moment était donc favorable pour les pauvres prisonniers, ils auraient pu sans de grands empêchements filer leurs cables qui, quoique dé,à endommagés, résistèrent au choc ; mais nous étions partagés entre la crainte et l'espérance, nous nous abandonnâmes à la volonté de Dieu. D'ailleurs, de quoi sont capables des hommes qui se meurent de besoin.

Le lendemain de cet abordage, nous vîmes venir à bord une chaloupe équipée de quelques matelots sans armes, le tout appartenant au vaisseau le *Téméraire*. Ces braves gens montè-rent sur le pont pour nous faire hommage, au nom de leurs camarades, de quelques gamelles de leur nourriture, ainsi que de quelque peu de biscuits. Ils demandèrent d'abord ceux qui pouvaient les interpréter ; mais comme le nombre en était restreint, ils portèrent leur affection sur ceux qui parurent la mériter le mieux, leur témoignant la peine qu'ils éprouvaient de ne pouvoir nous donner des vivres à tous, nous remerciant du service que l'*Argonaute* leur avait rendu en donnant aux ancres de leur vaisseau le temps de prendre le fond, car il aurait indubitablement été conduit à la côte française si l'abor-dage n'avait pas eu lieu.

Pendant les quelques jours que le *Téméraire* fut notre voisin, nous ne manquâmes jamais de voir venir à diverses heures de la journée cinq ou six matelots qui nous apportaient sinon leurs gamelles, au moins leurs poches pleines de biscuits. Ah ! il faut avoir éprouvé une misère semblable à la nôtre pour sentir tout le prix d'un pareil bienfait. Puissent ceux qui ont été généreux à l'égard de quelques-uns de nous, avoir été amplement dédommagés des privations qu'ils se sont impo-sées. Je dois dire cependant que quelques-uns de ces matelots étaient ivres, mais j'ajouterai que c'est souvent dans l'état d'ivresse qu'on juge du bon cœur d'un homme. Un homme qui se dépouille de sa chemise pour la donner à son semblable au risque d'être puni, ne peut avoir qu'une belle âme ; d'ailleurs nous avons vus ces mêmes hommes revenir plusieurs fois.

Vous souvient-il, mes chers amis, de cette joie que la vengeance nous faisait alors éprouver, vengeance que nous ne pouvions nous procurer nous mêmes, lorsqu'un de ces anglais boxait avec celui de nos gardes qui était assez imprudent pour trouver mauvais l'affection qu'on nous témoignait : nous étions quelquefois obligés, malgré nous, d'interposer notre ascendant pour calmer la rixe qui était sur le point d'éclater.

Qui que vous soyez, cher lecteur, si vous n'avez souffert le tourment de la faim et enduré le supplice de la soif, vous ne pouvez vous faire une idée de nos misères, et n'allez pas croire par l'empressement que nous mettions à courir au devant des aliments qui nous étaient offerts que nous fussions tous des hommes sans cœur.

Nous n'avons jamais vu que des matelots du *Téméraire* venir à bord de l'*Argonaute*.

Les cadavres qui flottaient dans la rade étaient en si grand nombre que la profession de pêcheur devint presque nulle. Personne, au dire de nos gardes, ne voulait manger du poisson. La vérité est que plusieurs cadavres de nos camarades jetés à la mer avec autorisation ou par contrebande, ou ceux qui s'étaient noyés en cherchant à s'évader s'arrêtèrent plus tard le long de notre bord ; nous vîmes entre autres le nommé Villeton ou Villetout, marin de la garde impériale, dont à plusieurs reprises nous reconnûmes le cadavre. Cet infortuné, en nous quittant, s'était adapté deux vessies sur le derrière des épaules ; ces vessies étaient attachées avec des morceaux de lisières, et quoique Villeton fut couché sur le ventre, il fut très-bien reconnu par les siens. L'acharnement que son cadavre mettait à ne pas nous quitter lui valut cette phrase de la part de quelqu'un qui le connaissait intimement.

» Il paraît que sur l'*Argonaute* il se trouve quelque pauvre »diable auquel ce marin de la garde à dû faire de nombreuses »avanies, lorsqu'au quartier Saint-Charles il faisait partie de

»la bande des quarante, et son cadavre vient maintenant solli-
»citer son pardon... » Avis aux méchants.

Cette phrase fit fortune sur l'*Argonaute ;* pas un prisonnier qui ne l'ait répétée et n'ait observé le cadavre ainsi que sa disparition.

Aussi la défense de jeter les morts à la mer nous était-elle souvent faite : il venait de temps en temps une chaloupe qui les enlevait de chaque ponton ; lorsqu'elle ne pouvait plus en recevoir, elle faisait une traînée avec une corde, et ainsi chargée elle sortait de la rade pour aller bien au large faire plonger les infortunés que les plus cruels supplices avaient ravis à leurs bourreaux.

Tous les hommes un peu avancés en âge ou qui n'avaient pas le bonheur d'être bien constitués avaient vu la fin de leurs peines ; tandis que malgré leurs misères, ceux que la jeunesse, le courage et l'aspect du drapeau français soutenaient encore, après avoir exploré du regard pendant toute la journée les diverses parties de la rade pour chercher la barque au pain ou à l'eau, se réunissaient en grand nombre sur le pont. Là, l'estomac vide, l'esprit exalté mais affaibli, nos jactances se bornaient à faire du bruit ou à faire la farandole. Semblables à une ronde de fantômes, cette danse n'était interrompue que par le couplet qu'un de nous chantait en solo. Ce couplet devait être de la composition du chanteur qui s'y appliquait de son mieux : plus il était dissolu, plus il était applaudi ; mais le comble de l'infamie c'est que pour refrain nous avions adopté des paroles et un air sacrés... Misérables que nous étions ! il n'aurait dû sortir de notre bouche que des paroles de contrition et de miséricorde et nous offensions Dieu de la manière la plus infâme !

D'autres fois nous nous réunissions en plus petits groupes : là, accroupis sur nous mêmes, nous dissertions sur les mets de notre choix, tandis que nous n'avions pas même de l'eau à boire.

D'autres fois nous chantions ce couplet qui avait rapport au vaisseau français le *Vengeur :*

> Quel exemple terrible nous donne
> Ce vaisseau prêt à s'engloutir,
> L'escadre anglaise l'environne, etc.

Ces paroles étaient pour repondre à celles que les espagnols nous chantaient souvent : « *A la guera , a la guera españoles,* »*muere Napoléon,* etc.

Quelquefois aussi, mus par la vengeance et le désespoir , nous chantions à demi voix ces couplets connus de tous les prisonniers, couplets qui avaient tant de rapport à notre situation et dont les premiers vers d'un commençaient ainsi :

Malheur à toi race espagnole
Si des prisons nous sortons , etc.

Cependant, épuisés par la fatigue et le manque de force , nous nous éclipsions, et le plus grand nombre se refugiait dans le faux-pont , partie la plus chaude du navire. Là , si malgré l'obscurité qui y régnait (car le faux-pont ne recevait du jour et de l'air que par les écoutilles) le sommeil ne venait pas selon les désirs de chacun, les réflexions et les tiraillements d'en-trailles se succédaient sans relâche. On entendait des larmes et des gémissements causés sans doute par les souvenirs du toit paternel. On se rappelait avec sensibilité les bontés et les exemples d'une mère pieuse ou les caresses enfantines d'une sœur bien-aimée. On se reprochait alors son endurcissement et on versait des larmes... Ah ! qu'elles étaient amères ces larmes lorsqu'on les comparait aux douceurs de la famille.

Le sommeil, loin d'apporter quelque soulagement à nos maux, ne faisait qu'aggraver nos souffrances par les rêves pénibles dont il nous tourmentait. Après avoir passé un certain temps couché sur les planches et enchassé entre deux voisins, on se levait pour satisfaire un besoin de la nature. La plupart ne se donnaient pas la peine de monter sur le pont ni même de quitter leur place. Comme les planches sur lesquelles nous reposions étaient presque toutes disjointes , nous avions fait une vraie *latrine* du fond de cale.

Lorsqu'il fut décidé que le vaisseau français l'*Argonaute* serait mis en ponton , pour mieux le lester on descendit dans le fond de sa cale plusieurs pièces d'artillerie. Eh bien ! nous devons tous nous rappeler avoir vu ces pièces salies par des excréments. Heureusement pour nous que malgré sa caducité les pompes de ce vaisseau ne nous ont jamais refusé leurs fonctions ; mais qu'on juge de l'exhalaison qui sortait des flancs de ce navire lorsque nous mettions ces pompes en jeu.

Le matin on était appelé par des cris d'espérance que ceux qui étaient sur le pont nous faisaient entendre du haut de l'écoutille : tantôt c'était la barque au pain ou la barque à l'eau qui se montrait ; alors on cherchait à éveiller ceux entre lesquels on était couché pour qu'ils partageassent notre bonheur. Mais, oh cruelle déception ! il arrivait quelquefois qu'on trouvait raide mort un de ceux qui avaient participé à nos réunions de la veille. Le cadavre était aussitôt dépouillé de ses guenilles, partagées entre les intimes du défunt, puis jeté clandestinement à la mer si l'occasion était favorable ou transporté au lieu de réunion tout près du poste des abandonnés. Là, nous donnions quelques larmes à nos amis et nous nous disions demain ce sera notre tour. Quelle cruelle perspective ! il a fallu la protection de Dieu pour que nous n'ayons pas tous succombé. Je ne citerai que trois individus parmi ceux qui dans ce monde ont trouvé la fin de leurs peines ; je les citerai parce qu'ils doivent vous être connus et que vous devez vous les rappeler : le premier est le nommé Jacob, israélite et dragon. Le pauvre Jacob connaissant l'antipathie que les espagnols portaient à ceux de sa secte, s'était fait tatouer un crucifix qui lui tenait toute la poitrine. Toute la journée il montrait avec orgueil à tous, mais surtout aux visiteurs étrangers, ce signe de la Rédemption.

Bien que nous fussions connus de lui, malgré notre misère et les égards que l'on doit au malheur (le pauvre Jacob avait perdu la raison), nous nous réunissions quelquefois debout en groupe plus ou moins compact pour attirer cet infortuné. Ne vous semble-t-il pas le voir poussant l'un, poussant l'autre, affectant parfois des manières distinguées, ayant ordinairement les deux poignets au haut de la poitrine comme un vrai gentleman pour nous montrer le signe dont il s'était décoré et repousser en arrière un haillon qui attestait le corps auquel il appartenait. Lorsque sans le toucher et à un signal convenu nous nous retirions tous en masse pour le laisser revenir à la raison, nous nous apercevions que chez lui la démence ne faisait que s'accroître, à tel point qu'il est mort tout-à-fait aliéné.

Le second était ce matelot tout jeune qu'on disait être fils naturel d'un haut et puissant seigneur, mais que nous n'avons jamais connu que sous le nom de Cartahue. Cartahue avait par fois la manie de la danse, mais surtout de la valse; et comme il était très-fort et bon garçon, ce qu'on avait de mieux à faire lorsqu'on était surpris par lui, était de se prêter à sa volonté jusqu'à ce qu'il voulut bien s'arrêter. Cartahue mourant de faim a rendu le dernier soupir en se livrant à sa passion favorite.

Le plus singulier de ces maniaques était, sans contredit, le nommé Giraud, canonnier du vaisseau le *Neptune*. Giraud était beau, bien fait, d'une force herculéenne, bon maître d'armes, etc.; il réunissait, en un mot, tous les avantages que recherchent tous les jeunes gens. Cet homme si favorisé par la nature exigeait depuis longtemps qu'on ne l'appelât que le beau Giraud, et il cherchait querelle à quiconque oubliait, en lui parlant, l'adjectif dont il avait affublé son nom : la misère et la mort n'ont rien respecté, le beau Giraud a cessé de vivre quelques heures après son dernier acte de brutalité.

Réunis en masse, nous redevenions ce que nous avions été la veille, c'est-à-dire que nous n'étions guère touchés que de nos souffrances physiques.

Excepté la partie du navire occupée par nos gardes qui s'étaient aussi appropriés la surveillance de nos vivres (lorsqu'on pensait à nous) le restant du ponton, sans distinction, nous était accordé. Beaucoup de prisonniers ont usé largement de cette liberté ; mais plusieurs de ceux qui couchaient en plein air sont devenus aveugles et se sont suicidés.

Si les pontons anglais avaient été préparés pour recevoir des prisonniers, il n'en avait pas été de même des pontons espagnols où on s'était contenté d'enlever le gréement, la mâture et le gouvernail, laissant à la coque du navire tous les anneaux et fers qui y étaient fixés.

Les sabords étaient sans grillages, ordinairement ouverts et ne se fermant qu'à la volonté des plus proches voisins, ce qui attirait souvent des rixes.

Comme à toute heure il nous était permis d'aller où nous voulions, il nous était donc facile, même à l'époque où l'armée française était en vue, de nous jeter à la mer ou d'enlever une embarcation, si l'occasion se présentait, sans crainte de compromettre la masse des prisonniers. Mais qu'eussions-nous avancé? n'était-ce pas courir à une mort certaine? Pour quelques-uns qui ont eu le bonheur de réussir combien d'autres ont trouvé la mort. D'ailleurs, je le répète, de quoi sont capables des hommes qui meurent de faim?

Comme il n'y avait aucune espèce de travail ni d'industrie, qu'on ne recevait de chez soi ni lettre ni argent (que d'ailleurs on ne nous eut ni donné, ni laissé), les prisonniers étaient privés de lumière, tables, bancs, etc.; aussi était-ce un bonheur pour un ponton lorsqu'il y venait quelques malheureux qui avaient été retenus à terre dans de certaines localités, parce que d'ordinaire ces nouveaux venus avaient un peu d'argent et quelquefois un hamac.

Quant aux hamacs, les pontonniers n'en ont jamais reçu; il n'y eut que les marins des équipages des quatre vaisseaux qui dans la rade de Cadix se rendirent après la capitulation de Baylen, auxquels par un restant de pudeur les espagnols abandonnèrent les leurs. Ces marins avaient été leurs alliés.

Puis venaient les hommes les plus mûrs et les plus prévoyants qui avaient eu la patience de ramasser brin à brin les bouts de ficelle ou de corde et étaient ainsi parvenus à se fabriquer un filet qu'ils décoraient du titre pompeux de hamac. Ces derniers étaient quelquefois garnis d'une vieille natte, qui tout en garantissant un peu du froid, était un véritable nid de vermine. mais fort peu avaient de quoi se couvrir.

Les vêtements n'avaient été donnés aux prisonniers de l'*Argonaute* que vers la fin de notre captivité; encore était-ce par dérision que les espagnols en avaient agi ainsi. C'était un spectacle navrant que de voir quelques chemises et quelques pantalons neufs en toile de coton se perdre dans la foule des haillons. Il fallait être privilégié pour recevoir quelque chose.

De tous les prisonniers d'Espagne, ceux qui ont été le plus maltraités sont sans contredit ceux qui ont été pris en petit nombre dans l'intérieur des terres. Avant d'arriver dans un port de mer ou dans un dépôt de prisonniers, que d'angoisses; en traversant une ville, un village ou un centre populeux, combien ont trouvé la fin de leurs souffrances! Chaque survivant pourrait écrire un volume sur ce triste sujet.

On peut donc dire que si ceux qui appartenaient aux divisions Dupont et Vedel ont été maltraités, ceux qui ont été pris isolément et ont partagé les misères de Cabrera ou de Cadix l'ont été bien davantage.

Les deux divisions étaient trop nombreuses pour que l'on put, dès le principe, dépouiller entièrement tous ceux qui en faisaient partie. Quelques-uns avaient conservé leur schakos, leur sac ou quelque peu de hardes; plusieurs cavaliers avaient sauvé leur manteau. Plus tard, la misère devenant grande, les manteaux furent transformés en pantalons, les schakos (surtout le cuirs de l'impériale) servirent à faire des souliers; mais quand tout fut usé, il ne resta à chacun que des haillons, et cependant nous n'avons jamais eu de *rafalés* parmi nous ou pour mieux dire nous l'étions *tous*.

Les hamacs ou les filets que nous décorions de ce nom étaient toujours suspendus : c'était la seule manière de fixer leur place ; il y en avait dans toutes les parties du navire et partout il y avait des hommes qui étaient couchés sur les planches.

On ne lavait que rarement ; vers la fin de notre captivité on ne lavait pas du tout. Le faux-pont n'a jamais été ni lavé ni approprié.

Telle était notre misère, lorsque dans l'après-midi du quatrième jour que nous passâmes sans recevoir aucune nourriture et sans espoir de nous en voir apporter, nous fîmes un signal de détresse pour que l'on vint à notre secours. Ce signal, fait au moyen de divers chiffons réunis que nous agitions par intervalle et auquel se joignaient des cris de désespoir, fut méconnu ou ne fut pas aperçu de plusieurs embarcations de diverses nations qui passèrent à notre portée. Nous avions perdu toute espérance, nous nous croyions entièrement abandonnés des hommes et de Dieu, lorsqu'une embarcation anglaise parut attentive à nos mouvements Avec quel bonheur ne la vimes nous pas prendre notre direction ; nous communiquions nos espérances à ceux qui, plus faibles que nous ou manquant entièrement de courage, étaient couchés dans les hamacs ou allongés sur les planches. Enfin, l'embarcation nous accosta; le jeune aspirant qui la commandait fut seul à s'emparer de l'unique échelle qui était flanquée sur notre bord ; il la montait avec rapidité, lorsque ayant atteint le haut du pont, il fut entouré par ceux qui pouvaient se faire comprendre et qui lui racontèrent succinctement la misère à laquelle nous étions en proie. Cet enfant (car s'en était un) effrayé du bouleversement de nos traits, courut vers l'échelle qu'il allait franchir pour se laisser tomber parmi les siens ; il les appela à son secours, bientôt le pont contint tous les matelots de l'embarcation. Ces hommes reculèrent d'épouvante en nous apercevant et furent bien surpris de ne voir que des squelettes vivants dont les gestes n'étaient que supplications. Revenus de leur premier mouvement, on leur montra le poste des abandonnés ainsi que quelques cadavres qui n'étaient pas loin de là, qu'on avait laissé je ne sais trop pourquoi, tandis qu'on aurait pu les jeter à la mer. J'en appelle aux souvenirs de tous les survivants, je prends Dieu à témoin que je ne dis que la vérité : nous avons vu tous ces braves marins verser des larmes au récit de nos malheurs. Nous devons croire que ces larmes étaient sincères!.. Et qui n'aurait pas pleuré en voyant tant de misère ?

Il fut dit à l'aspirant que puisque son amiral commandait dans la rade il voulut bien lui dire en notre nom qu'il nous fît mitrailler ou couler bas plutôt que de nous laisser mourir de faim. L'embarcation partit et promesse nous fut faite de porter au plus tôt remède à nos maux.

La licence que nous nous permimes pendant ces jours de calamité m'autorise à dire que les gardes que nous avions à bord abandonnèrent leur poste pour se réfugier sur la *Louise* et nous observer de loin. Aussi, livrés à nous-mêmes, nous ne mîmes plus de bornes à nos méfaits.

Depuis longtemps les planches du premier pont contenaient un certain nombre de jeux de dames, les planches qui n'en avaient pas en furent pourvues.

Tout ce que la force nous avait contraints jusqu'alors à respecter fut saccagé ; l'intérieur du navire fut détruit complètement ; les planches des soutes furent enlevées pour alimenter le feu de la cuisine dont les deux chaudières pleines d'eau salée étaient sans cesse en ébullition ; les feuilles de plomb servirent à faire des gamelles, divers petits ustensiles et surtout des manches de couteau de notre fabrique.

Plusieurs barriques vides furent montées de la cale, chaque barrique eut un fond d'enlevé et fut remplie d'eau ainsi que quelques bayes : les unes et les autres nous servaient de baignoires, ce qui était un grand soulagement pour nous. Quelle peine grand Dieu pour tirer l'eau ! Comme nous n'avions pas de pompes qui donnassent à la mer, nous étions obligés d'y suppléer par quelques seaux qui étaient fortement attachés à un des sabords.

Des clous de différentes dimensions furent enlevés des flancs du navire : ces clous étaient mis au feu, un caillou pris à fond de cale servait de marteau et un des anneaux fixés sur le pont servait d'enclume. C'est ainsi que ce morceau de fer était transformé en couteau ou en poignard. Puis, pour compléter cet ouvrage on formait son manche avec un morceau de fil de caret ou avec du plomb qu'on faisait fondre et qu'on coulait comme on pouvait. Si je ne puis dire qu'aucun de ces chefs d'œuvre ait servi à quelque suicide ou à quelque assassinat, je puis assurer du moins qu'ils étaient soigneusement cachés.

Quoique tout ce qui était mangeable eut été dévoré, il n'est pas à ma connaissance qu'aucun de nous se soit porté à manger de la chair humaine ; d'ailleurs les cadavres de nos camarades morts étaient trop secs et trop dégoûtants pour offrir la moindre tentation, et ç'aurait été nous suicider que de nous en repaitre. Je ne dis pas que si quelque malheureux sain et bien nourri jusqu'alors avait été jeté parmi nous par la fatalité, son cadavre n'eut servi de nourriture à quelques-uns de nous ! Dieu seul nous soutenait dans nos misères ; la promesse du jeune aspirant anglais nous donnait de l'espoir.

Enfin, il était presque nuit lorsque l'*Argonaute* fut accosté par une chaloupe anglaise chargée d'hommes, de deux barriques d'eau et de plusieurs sacs de biscuits : ces braves marins jugeant que nous étions trop faibles pour hisser ces provisions sur le pont, nous épargnèrent cette corvée, mais ils auraient dû nous rendre un service complet en faisant eux-mêmes une distribution égale à chacun de nous ; "opération eut été sans doute longue pour eux, mais plus profitable pour les prisonniers. Au lieu de cela, n'écoutant que leur bon cœur, nos besoins et notre impatience, ils répandirent sur le pont les biscuits que les sacs contenaient. Les deux barriques furent mises debout, le fond supérieur leur fut enlevé, et le tout fut ainsi livré à de malheureux mourants et à de pauvres affamés. Les prisonniers réunissant alors leur courage et leurs forces, se jetèrent ou plutôt rampèrent (tant la confusion était grande) vers ces aliments... La plupart des anglais furent renversés par le nombre, le gaspillage s'accrut tellement que tout fut pour ainsi dire perdu. Les deux barriques dans lesquelles on cherchait à plonger, furent renversées, l'eau ne servit qu'à arroser les plus proches voisins. C'est ainsi que livrés à nous-mêmes, fort peu purent profiter de ces aliments qui, quoiqu'en bien petite quantité, vu notre nombre et nos besoins, auraient pu sauver la vie à plusieurs de nos camarades, et cependant c'était pour eux que ce faible secours avait été apporté. Beaucoup d'entre nous ne reçurent rien du tout, quelques-uns de ceux qui reçurent, semblables à des chiens enragés, se disputèrent pendant longtemps ce qu'ils s'étaient appropriés.

Les anglais s'enfuirent emportant avec eux l'idée que loin de nous avoir secourus, ils n'avaient fait qu'augmenter nos souffrances, en aiguillonnant nos besoins et en semant la désunion parmi nous. La plupart de ces braves marins étaient tous contusionnés, mais n'avaient opposé aucun résistance.

La nuit fut cruelle pour nous.

Le lendemain dans la matinée plusieurs chaloupes espagnoles vinrent chargées des vivres habituels qu'on nous apportait; alors l'abondance régna sur le ponton, au moins pour quelques jours, car nous reçûmes chacun plusieurs rations de *pain*, nous eûmes de l'*eau* à discrétion, et nos *chaudières* nous donnèrent une copieuse nourriture... Mais à quoi nous servait cette abondance? Les uns étaient incapables de prendre aucun aliment et mouraient d'inanition, d'autres burent et mangèrent sans ménagement, eurent une très-forte indigestion et s'endormirent pour ne plus s'éveiller... Quelques-uns, grâce à la force de leur tempérament, furent assez heureux pour rendre les aliments qu'ils avaient pris et furent sauvés par cela même. Une nourriture plus saine et moins abondante nous eut peut-être rétabli, car beaucoup parmi nous étaient jeunes.

Ce même jour nous vîmes reparaître, comme par enchantement, les gardes de notre bord : ils reprirent leurs fonctions, sans nous parler ni paraître s'apercevoir des dégâts que nous avions faits.

On enleva les plus malades, ou pour mieux dire ceux qui pouvaient encore supporter le trajet, et on les transporta à l'hôpital.

Cette opération était faite par des espagnols avec une grande cruauté. Ils étaient cependant chargés de chapelets et de scapulaires ; mais qu'ils entendaient mal cette religion sainte qui ordonnait à ces hommes barbares de ne voir en nous que des malheureux dignes de toute pitié!.. Nos pauvres malades étaient attachés par dessous les aisselles et étaient ainsi condamnés à râcler le bord de l'*Argonaute* jusqu'à ce qu'ils fussent parvenus à la chaloupe qui devait les recevoir. Nous accompagnions nos amis autant qu'il nous était possible de le faire, nous leur prodiguions des paroles de consolation et d'espérance, tandis que les espagnols ne cessaient de dire à chacun d'eux : « *Nous* » *ferions mieux de te laisser mourir ici, car tu ne pourras* » *jamais arriver.* »

Enfin, nous retombâmes petit à petit dans notre première misère ; le nombre des malades et des morts ne diminuant pas, il fut décidé qu'on enlèverait de l'*Argonaute* les hommes qui avaient encore un restant de vigueur pour les répartir sur les autres pontons, et l'*Argonaute* fut érigé en hôpital.

Nous avions été largement décimés, ceux qui restaient sollicitaient tous la faveur de passer comme malades ; le nombre eu eut été trop grand, nous fûmes jetés sur les divers pontons de la rade.

Tel est le récit de nos dernières misères sur l'*Argonaute*. Pourquoi faut-il, hélas ! que j'ai été obligé de me borner à raconter des souvenirs émouvants, tandis qu'une plume autre que la mienne aurait pu facilement, sans s'écarter de la vérité, intéresser tous ses lecteurs. Mais la vérité n'a pas besoin de phrases éloquentes pour se faire comprendre. Je serai compris de vous, mes chers camarades survivants, et vous direz avec moi, que malgré nos angoisses, si nous avons le bonheur de conserver seulement une partie de la sobriété à laquelle

les espaguols *prétendaient* nous accoutumer, nous nous croirons heureux, quelque précaire que puisse être notre existence
actuelle.

Nous dirons encore :

Espagnols d'alors qui avez été nos geôliers, nous vous pardonnons tout ce que vous nous avez fait souffrir... Dieu nous
en fait une loi.

Marius DUPLAT,
de Marseille.

www.ingramcontent.com/pod-product-compliance
Lightning Source LLC
LaVergne TN
LVHW011414170726
843501LV00006B/2210